Impressum
Verlag: BABADADA GmbH, Nedderfeld 112 , 22529 Hamburg
Geschäftsführer / Verlagsleitung: Harald Hof
Druck: Books on Demand GmbH, In de Tarpen 42, 22848 Norderstedt

Imprint
Publisher: BABADADA GmbH, Nedderfeld 112 , 22529 Hamburg, Germany
Managing Director / Publishing direction: Harald Hof
Print: Books on Demand GmbH, In de Tarpen 42, 22848 Norderstedt, Germany

skole
escola

klasseværelse
sala de aulas

dividere
dividir

186/2

tavle
quadro

skolegård
pátio da escola

lærer
professor

papir
papel

skrive
escrever

pen
caneta

skrivebord
escrivaninha

lineal
régua

bog
livro

elev
aluno

skoletaske

penalhus

blyant

sacola

estojo de lápis

lápis

blyantspidser

apontador de lápis

viskelæder

borracha

tegneblok

bloco de desenho

tegning

desenho

pensel

pincel

æske med vandfarver

estojo de tintas

saks

tesoura

lim

cola

opgavehefte

livro de exercícios

lektie

lição de casa

tal

número

addere

somar

subtrahere

subtrair

multiplicere

multiplicar

regne

calcular

bogstav

letra

alfabet

alfabeto

ord

palavra

tekst

texto

læse

ler

kridt

giz

time

hora

klasseprotokol

registro da classe

eksamen

exame

karakterbog

certificado

skoleuniform

uniforme escolar

uddannelse

educação

leksikon

enciclopédia

universitet

universidade

mikroskop

microscópio

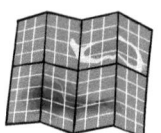

kort

mapa

papirkurv

cesto de lixo

rejse
viagem

hotel
hotel
Grand
herberg
albergue
ROOMS
vekselkontor
casa de câmbio
EXCHANGE
kuffert
mala
bil
carro

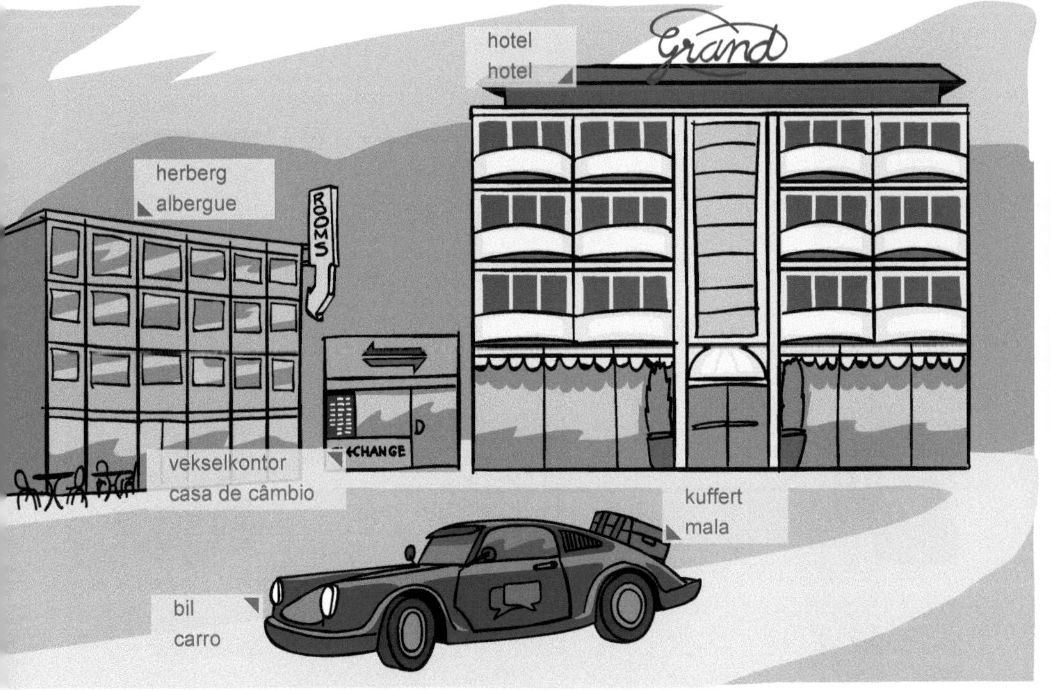

sprog

idioma

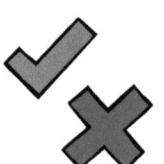

ja / nej

sim / não

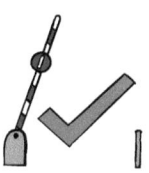

okay

ok

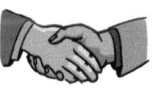

hej

Olá

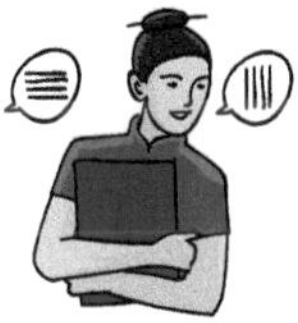

oversætter

tradutor

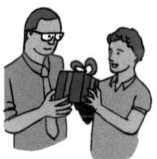

tak

obrigado

hvad koster…?

quanto custa…?

Jeg forstår ikke

eu não entendo

problem

problema

God aften!

boa noite!

God morgen!

Bom dia!

God nat!

Boa noite!

farvel

até logo

retning

direção

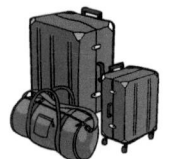

bagage

bagagem

taske

bolsa

rygsæk

mochila

gæst

convidado

værelse

quarto

sovepose

saco de dormir

telt

barraca

turistinformation

informação turística

strand

praia

kreditkort

cartão de crédito

morgenmad

café da manhã

middagsmad

almoço

aftensmad

jantar

billet

bilhete

elevator

elevador

frimærke

selo

grænse

fronteira

told

alfândega

ambassade

embaixada

visum

visto

pas

passaporte

transport
transporte

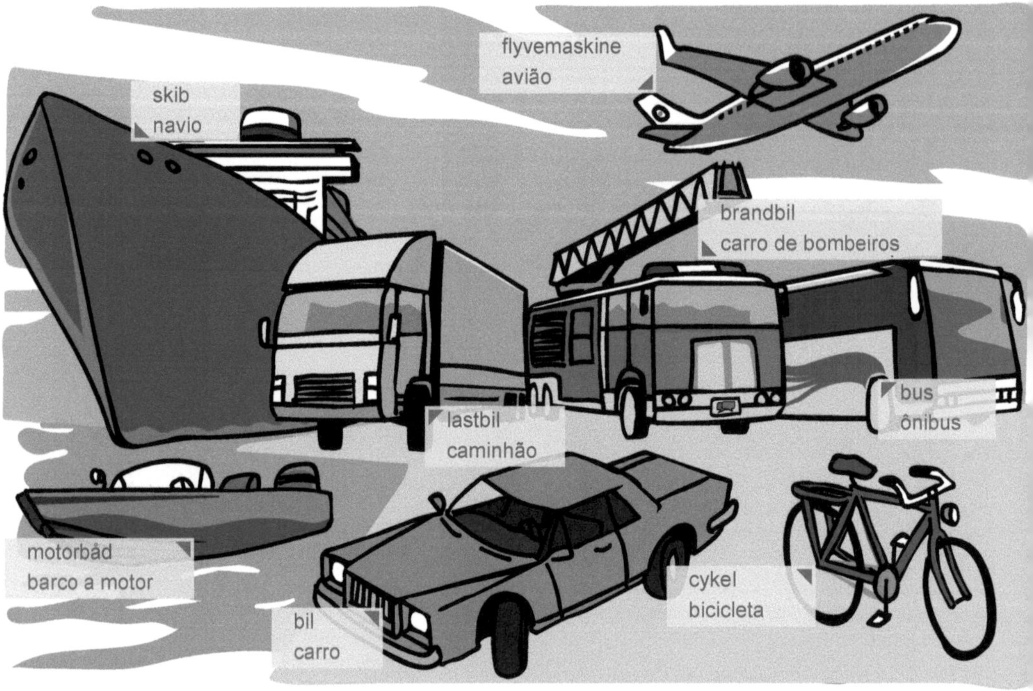
flyvemaskine
avião
skib
navio
brandbil
carro de bombeiros
bus
ônibus
lastbil
caminhão
motorbåd
barco a motor
cykel
bicicleta
bil
carro

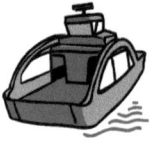

færge

balsa

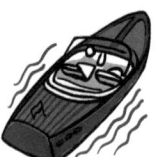

båd

barco

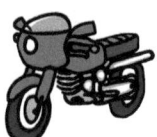

motorcykel

motocicleta

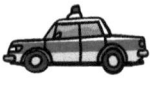

politibil

veículo policial

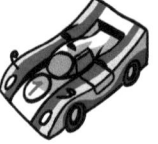

racerbil

carro de corrida

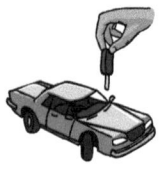

lejebil

carro de aluguel

samkørsel

compartilhamento de automóvel

kranbil

caminhão de reboque

skraldebil

caminhão de lixo

motor

motor

benzin

combustivel

tankstation

posto de gasolina

trafikskilt

placa de trânsito

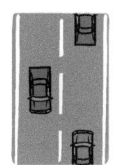

trafik

trânsito

trafikprop

trânsito lento

parkeringsplads

estacionamento

banegård

estação de trem

skinner

trilhos

tog

trem

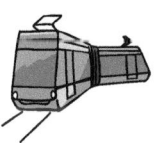

sporvogn

bonde

wagon

vagão

helikopter

helicóptero

lufthavn

aeroporto

tårn

torre

passager

passageiro

container

contêiner

karton

cartolina

kærre

carroça

kurv

cesto

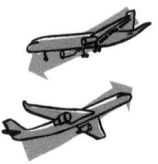

starte / lande

decolar / pousar

by
cidade

landsby

vilarejo

bymidte

centro da cidade

hus

casa

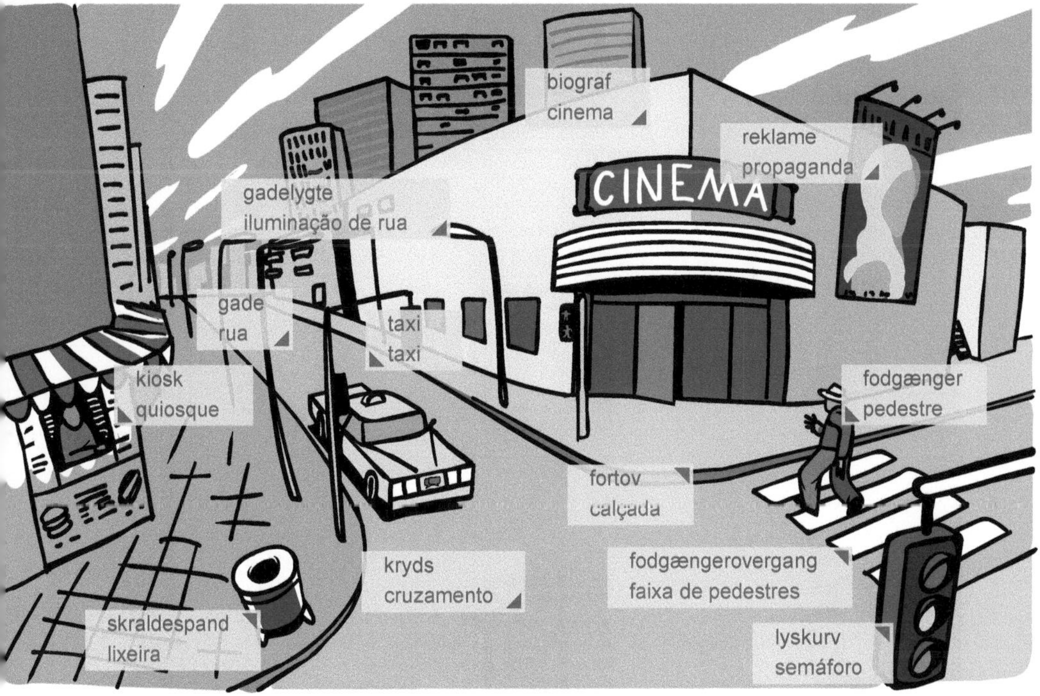
biograf
cinema
reklame
propaganda
CINEMA
gadelygte
iluminação de rua
gade
rua
taxi
taxi
kiosk
quiosque
fodgænger
pedestre
fortov
calçada
kryds
cruzamento
fodgængerovergang
faixa de pedestres
skraldespand
lixeira
lyskurv
semáforo

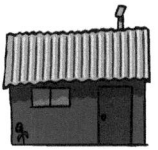

hytte

cabana

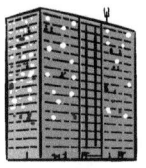

lejlighed

apartamento

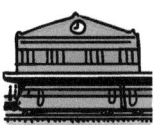

banegård

estação de trem

rådhus

prefeitura

MUSEUM

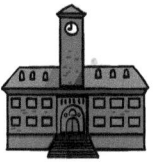

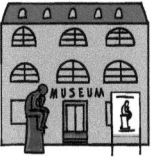

museum

museu

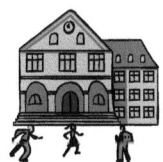

skole

escola

universitet

universidade

bank

banco

sygehus

hospital

hotel

hotel

apotek

farmácia

kontor

escritório

boghandel

livraria

butik

loja

blomsterbutik

floricultura

supermarked

supermercado

marked

mercado

stormagasin

loja de departamentos

fiskehandler

peixaria

butikscenter

centro comercial

havn

porto

park
parque

bænk
banco

bro
ponte

trappe
escadas

undergrundsbane
metrö

tunnel
tünel

busstoppested
ponto de ônibus

barnevogn
bar

restaurant
restaurante

postkasse
caixa de correspondência

vejskilt
placa de rua

parkometer
parquímetro

zoo
zoológico

badeanstalt
piscina

moske
mesquita

bondegård

fazenda

miljøforurening

poluição

kirkegård

cemitério

kirke

igreja

legeplads

parquinho

tempel

templo

landskab

paisagem

blad
folha

vejviser
placa de sinalização

vej
caminho

eng
gramado

sten
pedra

træ
árvore

vandrer
caminhantes

flod
rio

græs
grama

blomst
flor

dal
vale

bjerg
montanha

sø
lago

skov
floresta

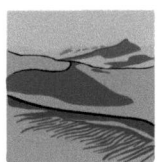

ørken
deserto

vulkan
vulcão

slot
castelo

regnbue
arco-íris

svamp
cogumelo

palme
palmeira

moskito
mosquito

flue
mosca

myre
formiga

bi
abelha

edderkop
aranha

bille

besouro

frø

sapo

egern

esquilo

pindsvin

ouriço

hare

lebre

ugle

coruja

fugl

pássaro

svane

cisne

vildsvin

javali

hjort

veado

elg

alce

dæmning

barragem

vindmølle

aerogerador

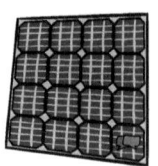

solcellemodul

painel solar

klima

clima

restaurant
restaurante

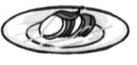

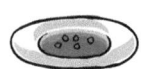

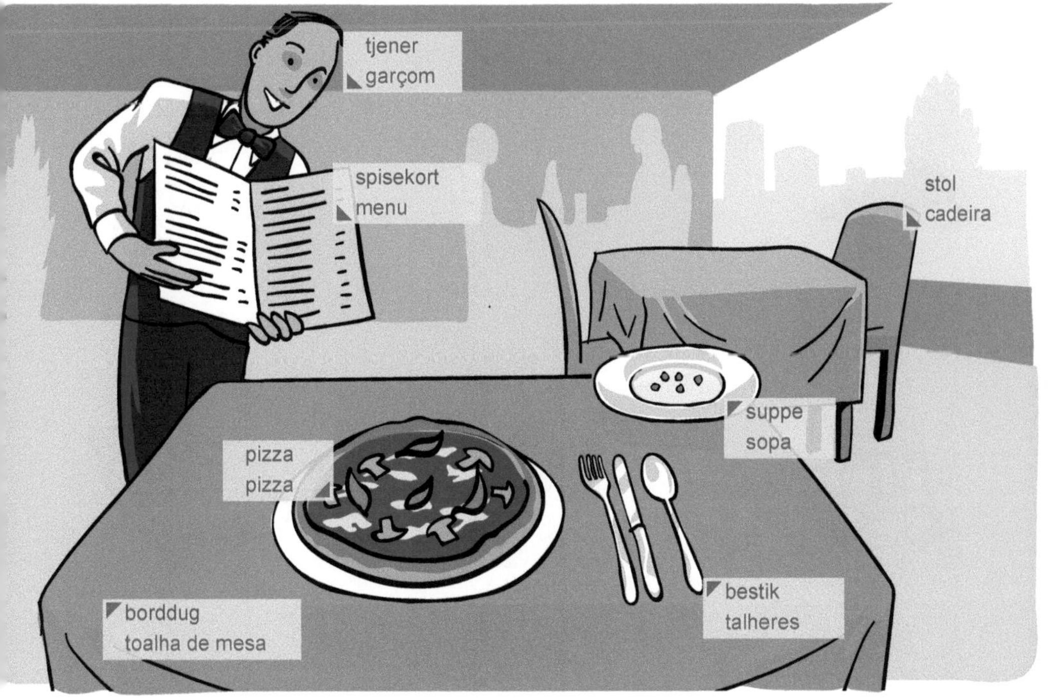
tjener
garçom
spisekort
menu
stol
cadeira
suppe
sopa
pizza
pizza
bestik
talheres
borddug
toalha de mesa

forret
entrada

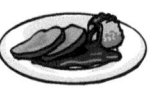

hovedret
prato principal

dessert
sobremesa

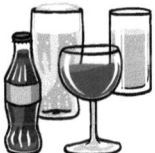

drikkevarer
bebidas

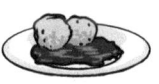

mad
comida

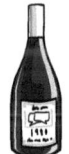

flaske
garrafa

fastfood

fastfood

streetfood

comida de rua

tekande

bule de chá

sukkerdåse

açucareiro

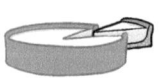

portion

porção

espressomaskine

máquina de expresso

barnestol

cadeirão

faktura

conta

tablet

bandeja

kniv

faca

gaffel

garfo

ske

colher

teske

colher de chá

serviet

guardanapo

glas

copo

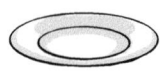

tallerken

prato

dyb tallerken

prato de sopa

underkop

pires

sovs

molho

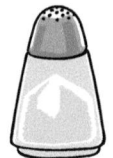

saltbøsse

saleiro

peberkværn

moedor de pimenta

eddike

vinagre

olie

óleo

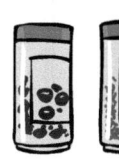

krydderier

especiarias

ketchup

ketchup

sennep

mostarda

mayonnaise

maionese

supermarked

supermercado

tilbud
oferta especial
FOR
kunde
cliente
mælkeprodukter
laticínios
frugt
frutas
indkøbsvogn
carrinho de compras

BUTCHERS

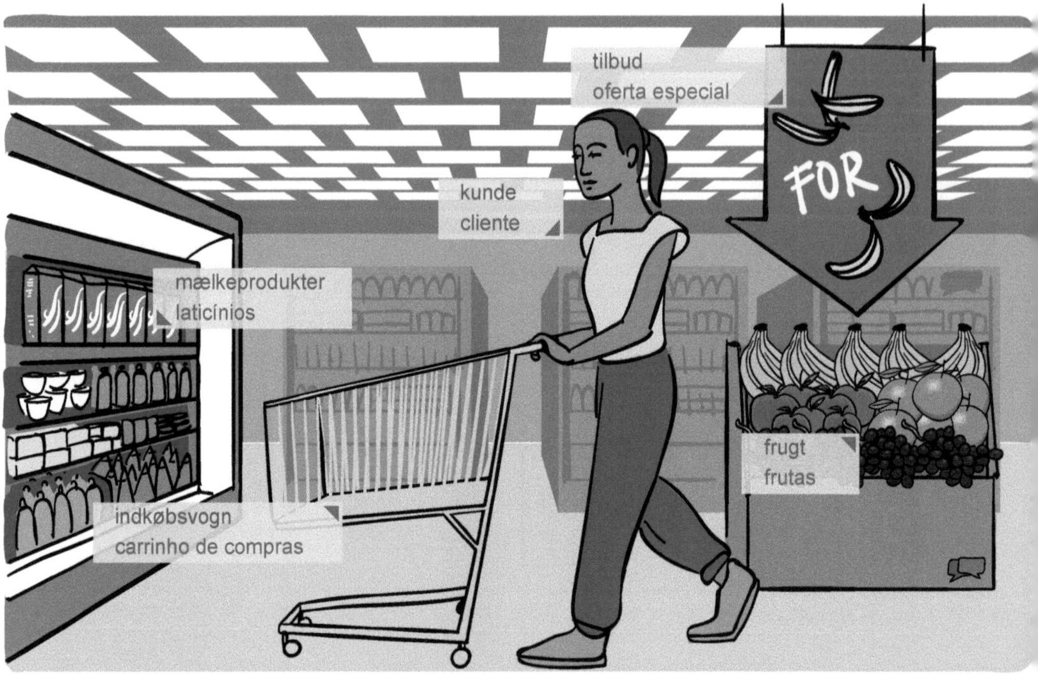

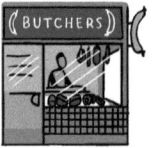

slagter

açougue

BAKERY

bageri

padaria

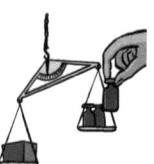

veje

pesar

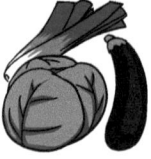

grøntsager

legumes

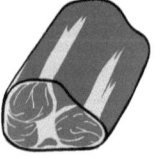

kød

carne

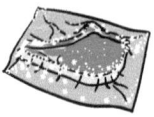

frostvarer

congelados

pålæg

charcutaria

konserves

conservas

vaskemiddel

detergente em pó

slik

doces

husholdningsvarer

artigos domésticos

rengøringsmidler

produtos de limpeza

ekspedient

vendedora

kasse

caixa

kasserer

caixa

indkøbsliste

lista de compras

åbningstider

horário de funcionamento

tegnebog

carteira

kreditkort

cartão de crédito

taske

sacola

plasticpose

saco plástico

vand

água

saft

suco

mælk

leite

cola

coca-cola

vin

vinho

øl

cerveja

alkohol

álcool

kakao

cacau

te

chá

kaffe

café

espresso

expresso

cappuccino

cappuccino

banan

banana

æble

maçã

appelsin

laranja

melon

melão

citron

limão

gulerod

cenoura

hvidløg

alho

bambus

bambu

løg

cebola

svamp

cogumelo

nødder

nozes

nudler

macarrão

spaghetti

espaguete

ris

arroz

salat

salada

pomfritter

batatas fritas

stegte kartofler

batatas frias

pizza

pizza

hamburger

hambúrger

sandwich

sanduíche

schnitzel

escalope

skinke

presunto

salami

salame

pølse

salsicha

kylling

galinha

steg

assado

fisk

peixe

havregryn

flocos de aveia

mysli

granola

cornflakes

flocos de milho

mel

farinha

croissant

croissant

rundstykke

pãozinho

brød

pão

toast

torrada

kiks

biscoitos

smør

manteiga

kvark

requeijão

kage

bolo

æg

ovo

spejlæg

ovo frito

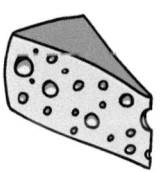

ost

queijo

is

sorvete

sukker

açúcar

honning

mel

marmelade

geleia

nougat-creme

creme de avelãs

karry

curry

bondegård
fazenda

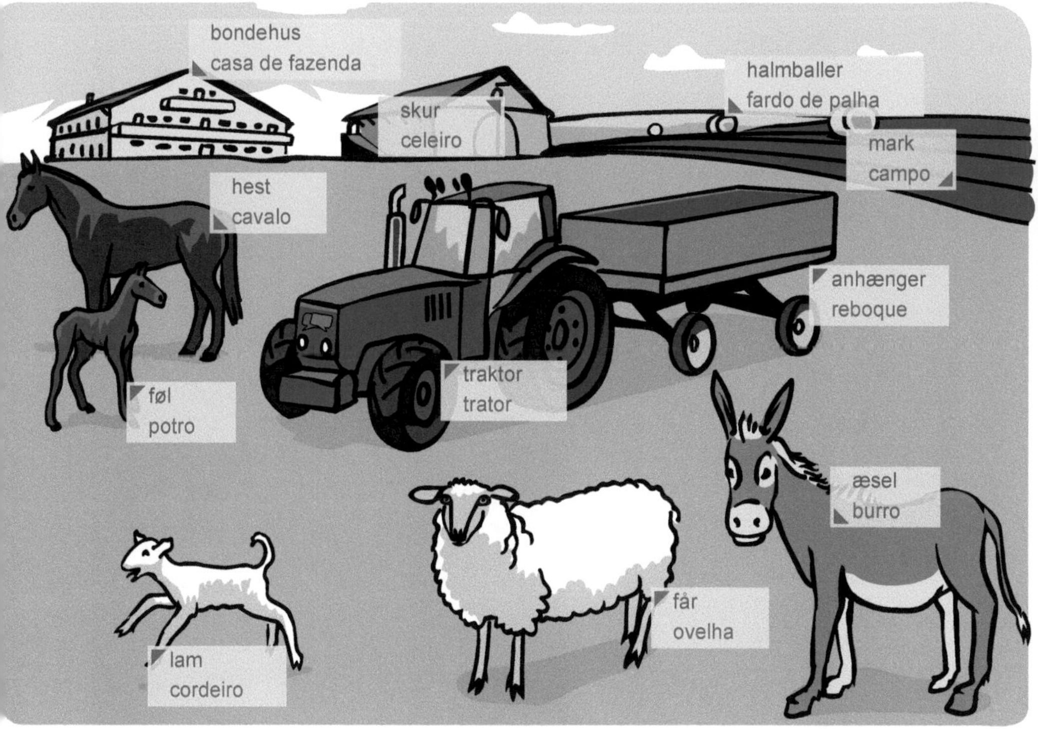
bondehus
casa de fazenda
skur
celeiro
halmballer
fardo de palha
mark
campo
hest
cavalo
anhænger
reboque
traktor
trator
føl
potro
æsel
burro
får
ovelha
lam
cordeiro

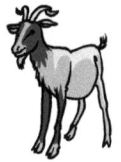

ged

cabra

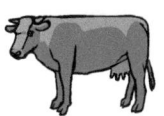

ko

vaca

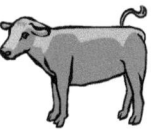

kalv

bezerro

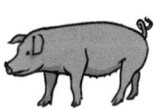

svin

porco

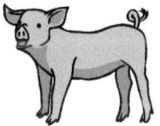

gris

leitão

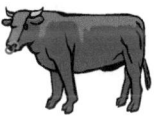

tyr

touro

gås

ganso

and

pato

kylling

pintinho

høne

galinha

hane

galo

rotte

ratazana

kat

gato

mus

camundongo

okse

boi

hund

cachorro

hundehus

casinha do cachorro

haveslange

mangueira de jardim

vandkande

regador

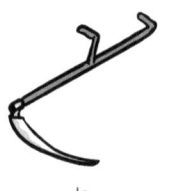

le

foice

plov

arado

segl
foice

hakkejern
enxada

møggreb
forquilha

økse
machado

trillebør
carrinho de mão

trug
manjedoura

mælkekande
jarra de leite

sæk
saco

hæk
cerca

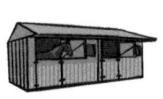

stald
estábulo

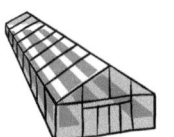

drivhus
estufa

jord
solo

frø
semente

gødning
fertilizante

mejetærsker
colheitadeira

høste

colher

høst

colheita

yams

inhame

hvede

trigo

soja

soja

kartoffel

batata

majs

milho

raps

colza

frugttræ

árvore frutífera

maniok

mandioca

korn

cereais

skorsten
chaminé

tag
telhado

tagrende
calhas de chuva

vinduo
janela

garage
garagem

dørklokke
campainha da porta

dør
porta

skraldespand
lata de lixo

postkasse
caixa de correspondência

have
jardim

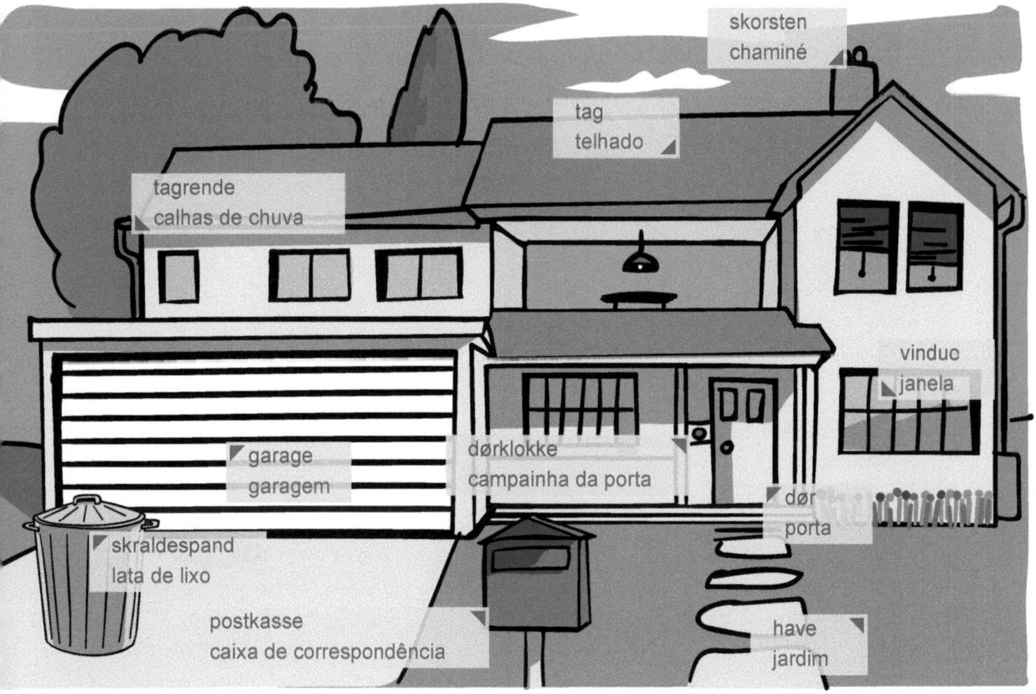

stue

sala de estar

badeværelse

banheiro

køkken

cozinha

soveværelse

quarto de dormir

børneværelse

quarto de criança

spisestue

sala de jantar

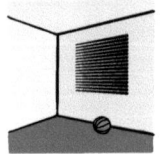

gulv

chão

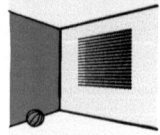

væg

parede

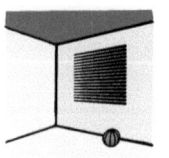

loft

teto

kælder

porão

sauna

sauna

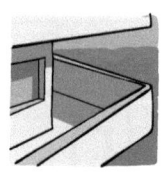

altan

varanda

terrasse

terraço

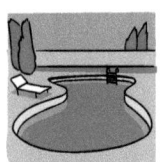

svømmehal

piscina

plæneklipper

cortador de grama

dynebetræk

lençol

dyne

coberta

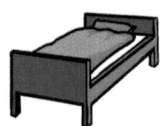

seng

cama

kost

vassoura

spand

balde

kontakt

interruptor

stue
sala de estar

tapet
papel de parede
billede
quadro
lampe
lâmpada
reol
prateleira
skab
armário
fjernsyn
televisão
pejs
lareira
blomst
flor
pude
travesseiro
sofa
sofá
vase
vaso
fjernbetjening
controle remoto

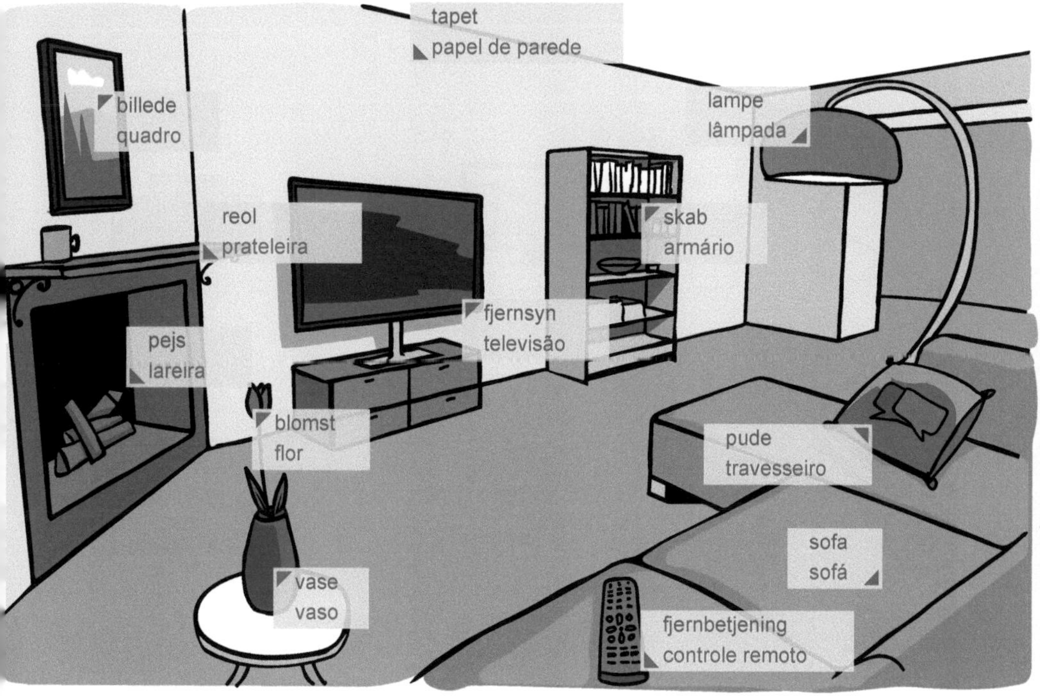

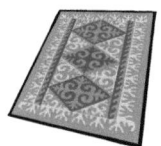

gulvtæppe

tapete

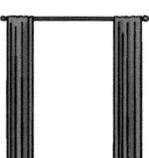

gardin

cortina

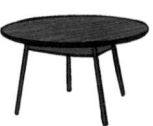

bord

mesa

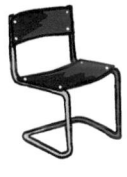

stol

cadeira

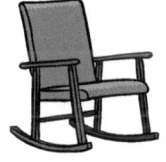

gyngestol

cadeira de balanço

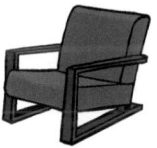

lænestol

poltrona

bog
livro

tæppe
cobertor

dekoration
decoração

brænde
lenha

film
filme

stereoanlæg
equipamento de som

nøgle
chave

avis
jornal

maleri
pintura

plakat
pôster

radio
rádio

notesblok
bloco de notas

støvsuger
aspirador

kaktus
cacto

lys
vela

køkken
cozinha

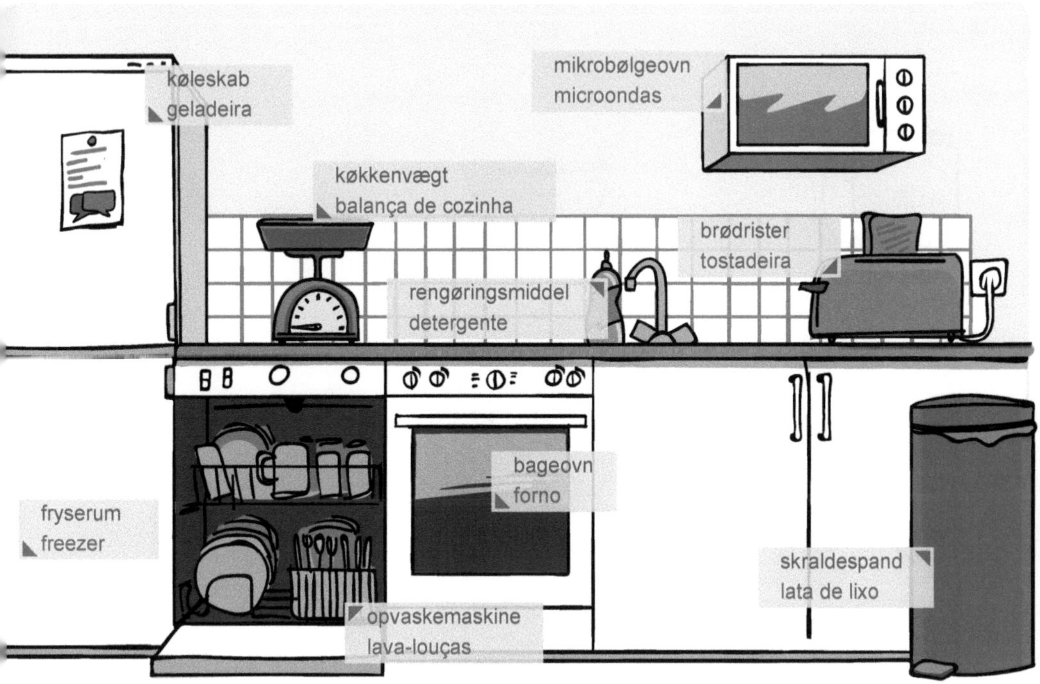
køleskab
geladeira
mikrobølgeovn
microondas
køkkenvægt
balança de cozinha
brødrister
tostadeira
rengøringsmiddel
detergente
bageovn
forno
fryserum
freezer
skraldespand
lata de lixo
opvaskemaskine
lava-louças

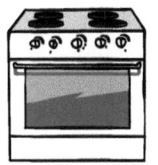

komfur

fogão

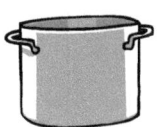

gryde

panela

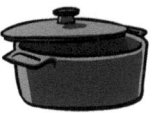

jerngryde

panela de ferro

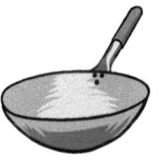

wok / kadai

wok / kadai

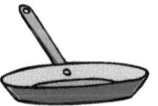

pande

frigideira

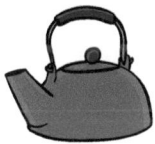

elkedel

chaleira

dampkoger

panela a vapor

bageplade

tabuleiro de forno

service

louça

bæger

caneca

skål

caçarola

spisepinde

hashi

øseske

concha de sopa

paletkniv

espátula

piskeris

batedor

dørslag

escorredor

si

peneira

rive

ralador

morter

almofariz

grille

churrasqueira

ildsted

lareira

skærebræt

tábua de cortar

kagerulle

rolo da massa

proptrækker

saca-rolhas

dåse

lata

dåseåbner

abridor de latas

grydelap

pegador de panela

køkkenvask

pia

børste

escova

svamp

esponja

blender

liquidificador

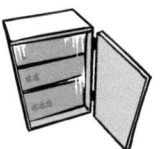

dybfryser

congelador

sutteflaske

mamadeira

vandhane

torneira

badeværelse

banheiro

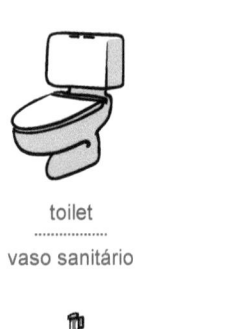

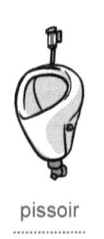

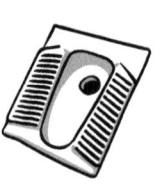

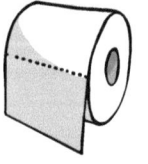

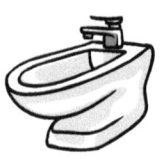

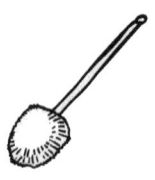

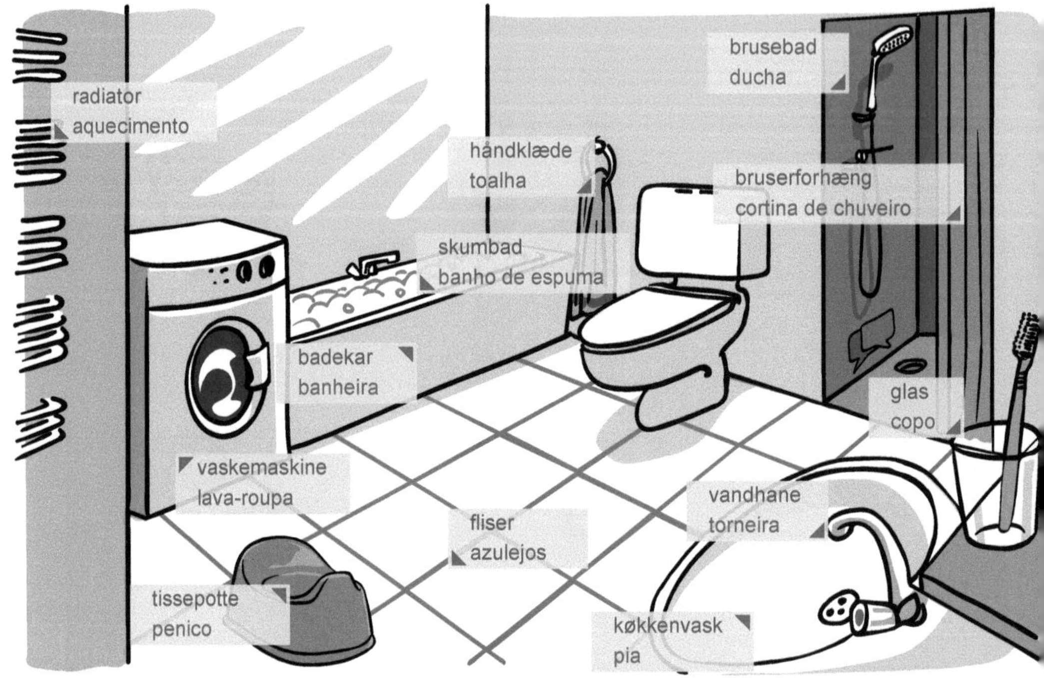

radiator
aquecimento
håndklæde
toalha
brusebad
ducha
bruserforhæng
cortina de chuveiro
skumbad
banho de espuma
badekar
banheira
vaskemaskine
lava-roupa
glas
copo
vandhane
torneira
fliser
azulejos
tissepotte
penico
køkkenvask
pia

toilet

vaso sanitário

hugsiddende toilet

lavabo de agachar

bidet

bidê

pissoir

mictório

toiletpapir

papel higiênico

toiletbørste

escova de privada

tandbørste

escova de dentes

tandpasta

pasta de dentes

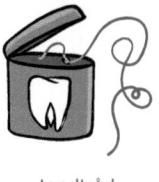

tandtråd

fio dental

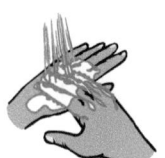

vaske

lavar

håndbruser

ducha de mão

intimbruser

ducha íntima

vaskefad

bacia

badebørste

escova para as costas

sæbe

sabonete

brusegele

gel de banho

shampoo

xampu

vaskeklud

toalha de rosto

afløb

escoamento

creme

creme

deodorant

desodorante

spejl

espelho

kosmetikspejl

espelho de mão

barberhøvl

barbeador

barberskum

espuma de barbear

barbervand

loção pós-barba

kam

pente

børste

escova

hårtørrer

secador de cabelo

hårspray

spray de cabelo

makeup

maquiagem

læbestift

batom

neglelak

esmalte de unhas

vat

algodão

neglesaks

tesoura para unhas

parfume

perfume

toilettaske

nécessaire

skammel

banquinho

vægt

balança

badekåbe

roupão de banho

gummihandsker

luvas de borracha

tampon

absorvente interno

damebind

absorvente íntimo

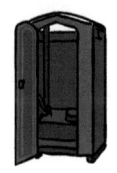

kemisk toilet

banheiro químico

børneværelse

quarto de criança

vækkeur
despertador
bamse
boneco de pelúcia
legetøjsbil
carrinho de brinquedo
skralde
chacoalho
dukkehus
casa de bonecas
gave
presente

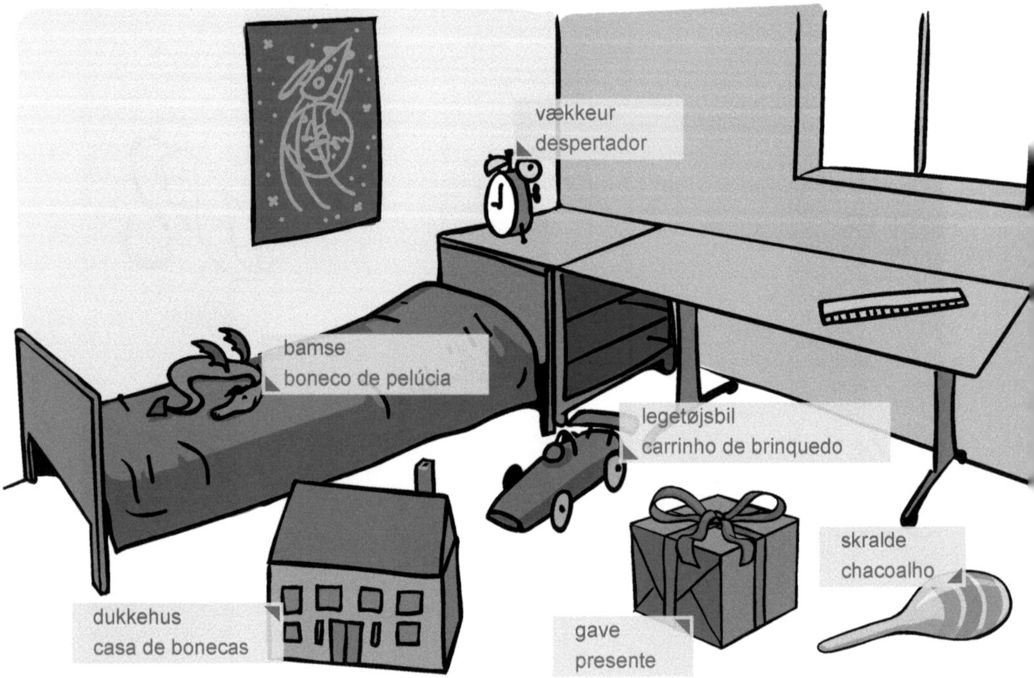

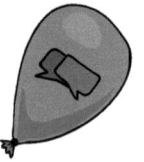

ballon

balão

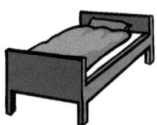

seng

cama

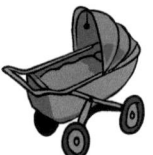

barnevogn

carrinho de bebê

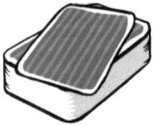

kortspil

jogo de cartas

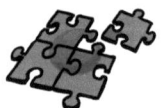

puslespil

quebra-cabeças

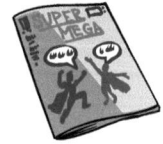

tegneserie

revista de quadrinhos

legoklodser

peças de Lego

byggeklodser

blocos de construção

action figur

figura de ação

sparkedragt

macaquinho de bebê

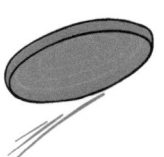

frisbee

frisbee

uro

mobile para bebé

brætspil

jogo de tabuleiro

terning

dados

modeljernbane

trenzinho elétrico

sut

chupeta

fest

festa

billedbog

livro ilustrado

bold

bola

dukke

boneca

lege

brincar

sandkasse

caixa de areia

gynge

balanço

legetøj

brinquedos

spillekonsol

videogame

trehjulet cykel

triciclo

bamse

ursinho de pelúcia

klædeskab

guarda-roupa

tøj

vestuário

sokker

meias

strømper

meias pelo joelho

strømpebukser

meias-calças

sjal
cachecol

paraply
guarda-chuva

bælte
cinto

T-shirt
camiseta

støvler
botas

hjemmesko
chinelos

sneakers
tênis

sandaler
....
sandálias

sko
....
sapatos

gummistøvler
....
botas de borracha

underbukser
....
roupa de baixo

BH
....
sutiã

undertrøje
....
camiseta de baixo

body
body

bukser
calças

jeans
jeans

nederdel
saia

bluse
blusa

skjorte
camisa

pullover
pulôver

sweatshirt
suéter com capuz

blazer
blazer

jakke
jaqueta

frakke
casaco

regnfrakke
gabardine

kostume
traje

kjole
vestido

brudekjole
vestido de casamento

jakkesæt

terno

nattrøje

camisola

pyjamas

pijama

sari

sari

hovedtørklæde

lenço de cabeça

turban

turbante

burka

burca

kaftan

cafetã

abaya

abaya

badedragt

maiô

badebukser

sunga

korte bukser

shorts

træningsdragt

roupa de treino

forklæde

avental

handsker

luvas

knap

botão

briller

óculos

armbånd

pulseira

kæde

colar

ring

anel

ørering

brinco

hue

boné

bøjle

cabide

hat

chapéu

slips

gravata

lynlås

zíper

hjelm

capacete

seler

suspensórios

skoleuniform

uniforme escolar

uniform

uniforme

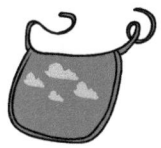

hagesmæk

babador

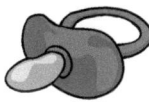

sut

chupeta

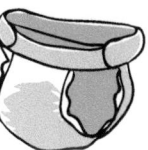

ble

fralda

kontor

escritório

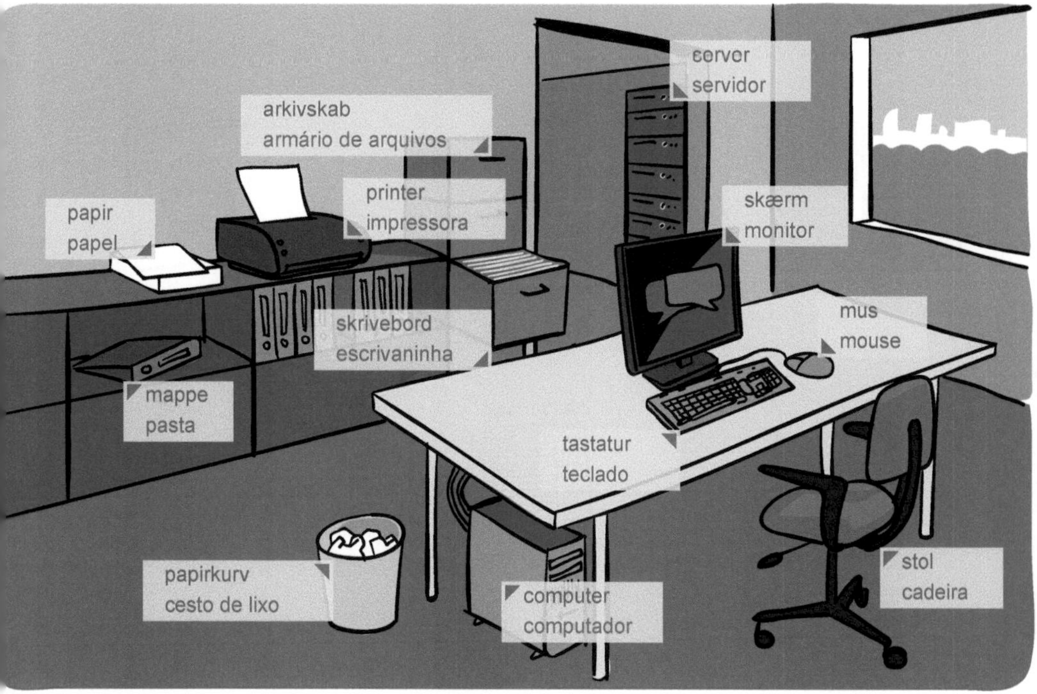
server
servidor
arkivskab
armário de arquivos
printer
impressora
papir
papel
skærm
monitor
skrivebord
escrivaninha
mus
mouse
mappe
pasta
tastatur
teclado
papirkurv
cesto de lixo
computer
computador
stol
cadeira

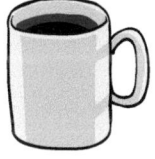

kaffekrus

xícara de café

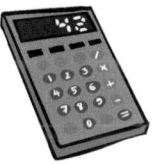

lommeregner

calculadora

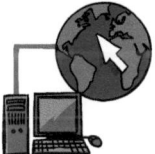

internet

internet

bærbar
....
laptop

brev
....
carta

besked
....
mensagem

mobil
....
celular

netværk
....
rede

kopimaskine
....
copiadora

software
....
software

telefon
....
telefone

stikdåse
....
tomada

fax
....
fax

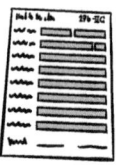

formular
....
formulário

dokument
....
documento

købe

comprar

betale

pagar

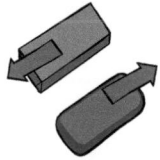

handle

negociar

penge

dinheiro

dollar

Dólar

euro

Euro

yen

Yen

rubel

rublo

schweizerfranc

franco suíço

renminbi yuan

renminbi yuan

rupee

rupia

hæveautomat

caixa eletrônico

vekselkontor

casa de câmbio

guld

ouro

sølv

prata

olie

petróleo

energi

energia

pris

preço

kontrakt

contrato

skat

imposto

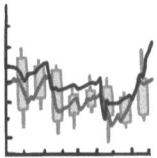

aktie

ação

arbejde

trabalhar

ansat

empregado

arbejdsgiver

empregador

fabrik

fábrica

butik

loja

erhverv
profissões

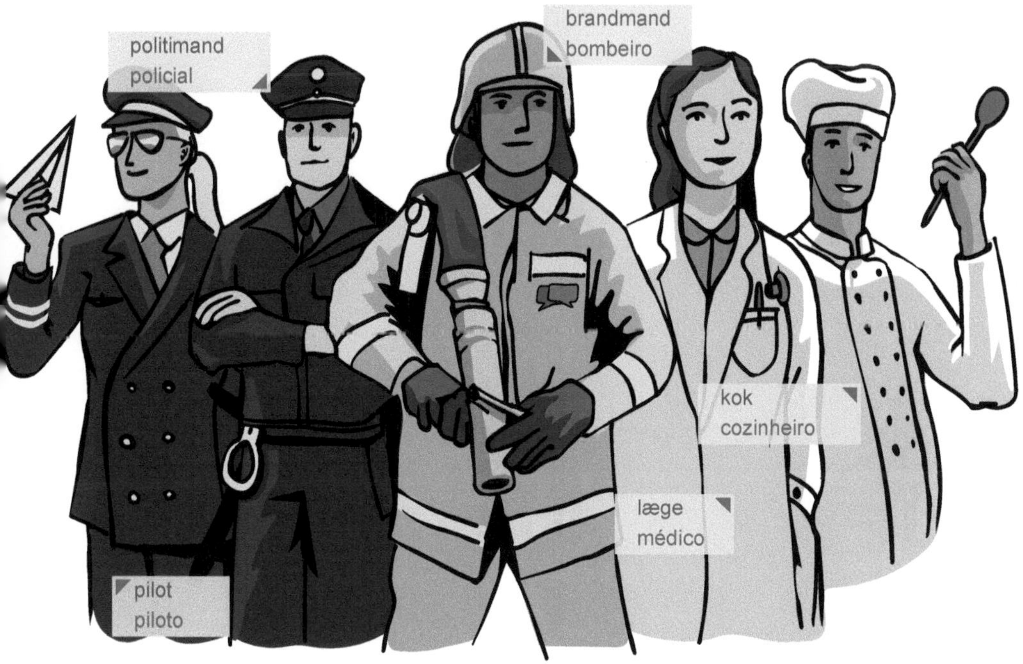
politimand
policial
brandmand
bombeiro
kok
cozinheiro
læge
médico
pilot
piloto

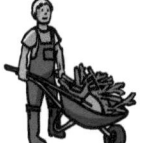

gartner

jardineiro

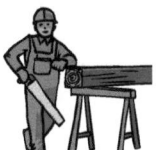

tømrer

marceneiro

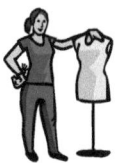

syerske

costureira

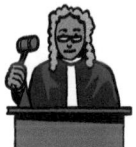

dommer

juiz

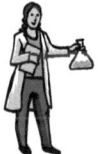

kemiker

químico

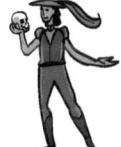

skuespiller

ator

buschauffør

motorista de ônibus

taxachauffør

motorista de táxi

fisker

pescador

rengøringskone

faxineira

tagdækker

telhador

tjener

garçom

jæger

caçador

maler

pintor

bager

padeiro

elektriker

eletricista

bygningsarbejder

construtor

ingeniør

engenheiro

slagter

açougueiro

vvs-mand

encanador

postbud

carteiro

soldat

soldado

arkitekt

arquiteto

kasserer

caixa

blomsterhandler

florista

frisør

cabelereiro

togfører

condutor

mekaniker

mecânico

kaptajn

capitão

tandlæge

dentista

videnskabsmand

cientista

rabbiner

rabino

imam

imam

munk

monge

præst

pastor

værktøj
ferramentas

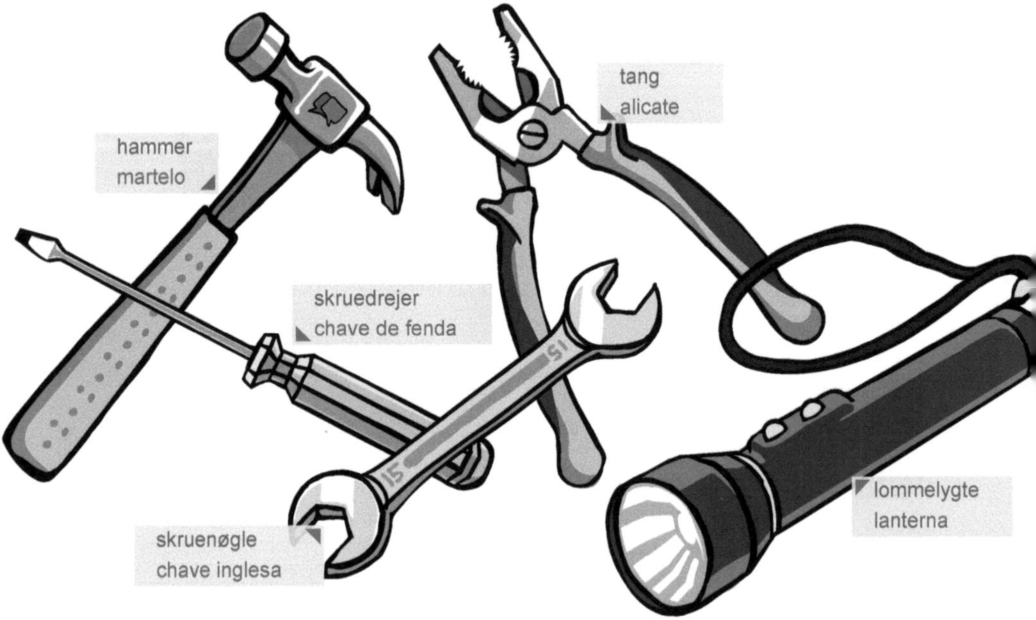

hammer
martelo
tang
alicate
skruedrejer
chave de fenda
lommelygte
lanterna
skruenøgle
chave inglesa

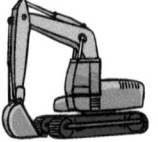

gravemaskine

escavadora

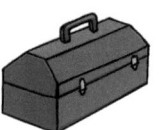

værktøjskasse

caixa de ferramentas

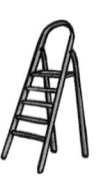

stige

escada de mão

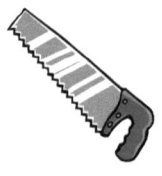

sav

serra

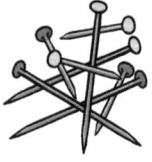

søm

pregos

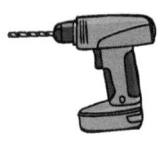

bor

furadeira

reparere

consertar

skovl

pá

Lort!

Droga!

fejebakke

pá de lixo

malerspand

pote de tinta

skruer

parafusos

musikinstrumenter
instrumentos musicais

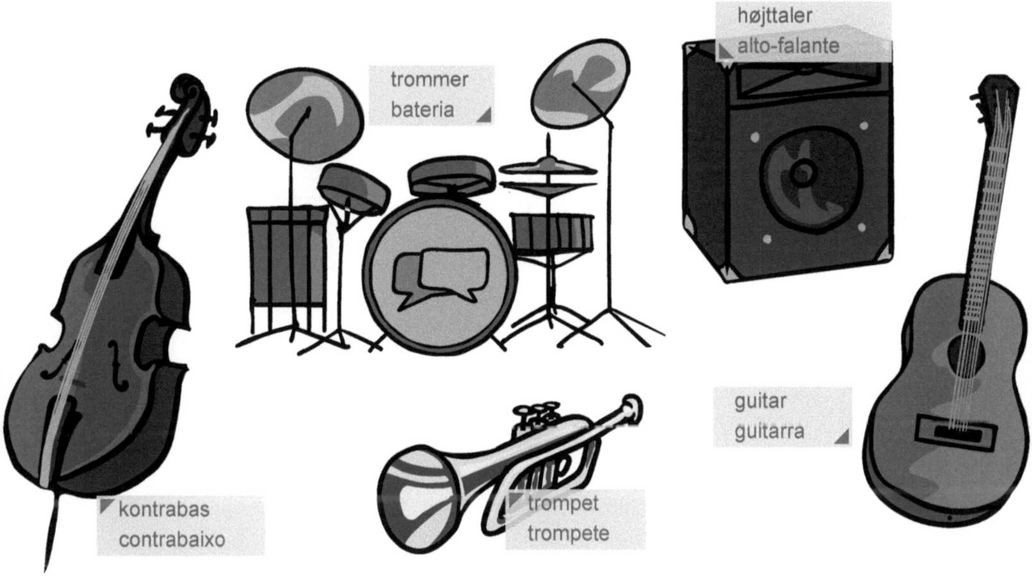

trommer
bateria

højttaler
alto-falante

guitar
guitarra

kontrabas
contrabaixo

trompet
trompete

klaver

piano

violin

violino

bas

baixo

pauke

timbales

tromme

tambor

keyboard

teclado

saxofon

saxofone

fløjte

flauta

mikrofon

microfone

zoo
zoológico

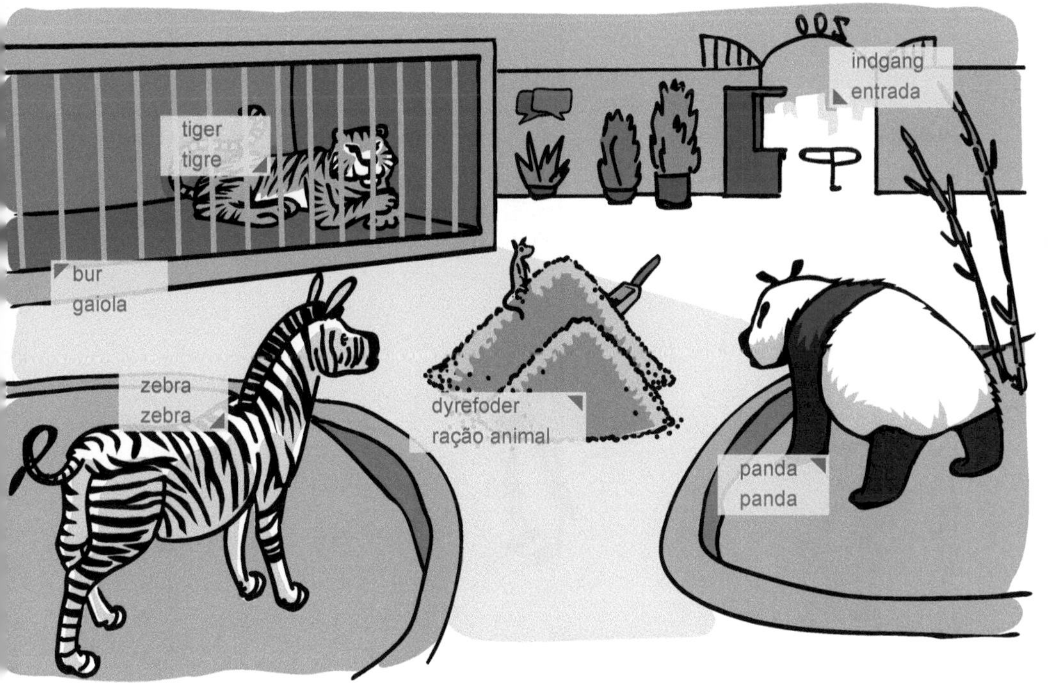

indgang
entrada
tiger
tigre
bur
gaiola
zebra
zebra
dyrefoder
ração animal
panda
panda

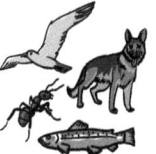

dyr

animais

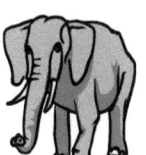

elefant

elefante

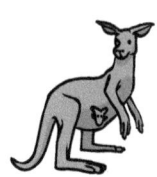

kænguru

canguru

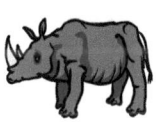

næsehorn

rinoceronte

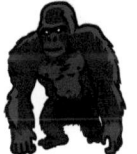

gorilla

gorila

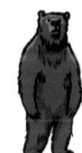

bjørn

urso

kamel

camelo

struds

avestruz

løve

leão

abe

macaco

flamingo

flamingo

papegøje

papagaio

isbjørn

urso polar

pingvin

pinguim

haj

tubarão

påfugl

pavão

slange

cobra

krokodille

crocodilo

dyrepasser

guarda do zoológico

sæl

foca

jaguar

jaguar

pony
pônei

leopard
leopardo

flodhest
hipopótamo

giraf
girafa

ørn
águia

vildsvin
javalı

fisk
peixe

skildpadde
tartaruga

hvalros
morsa

ræv
raposa

gazelle
gazela

amerikansk football
futebol americano

cykling
ciclismo

tennis
tênis

basketball
basquete

svømning
natação

boksning
boxe

ishockey
hóquei no gelo

fodbold
futebol

badminton
badminton

atletik
atletismo

håndbold
handebol

skiløb
esqui

polo
polo

aktiviteter
atividades

grine
rir
springe
pular
give et knus
abraçar
gå
andar
synge
cantar
drømme
sonhar
bede
rezar
kysse
beijar

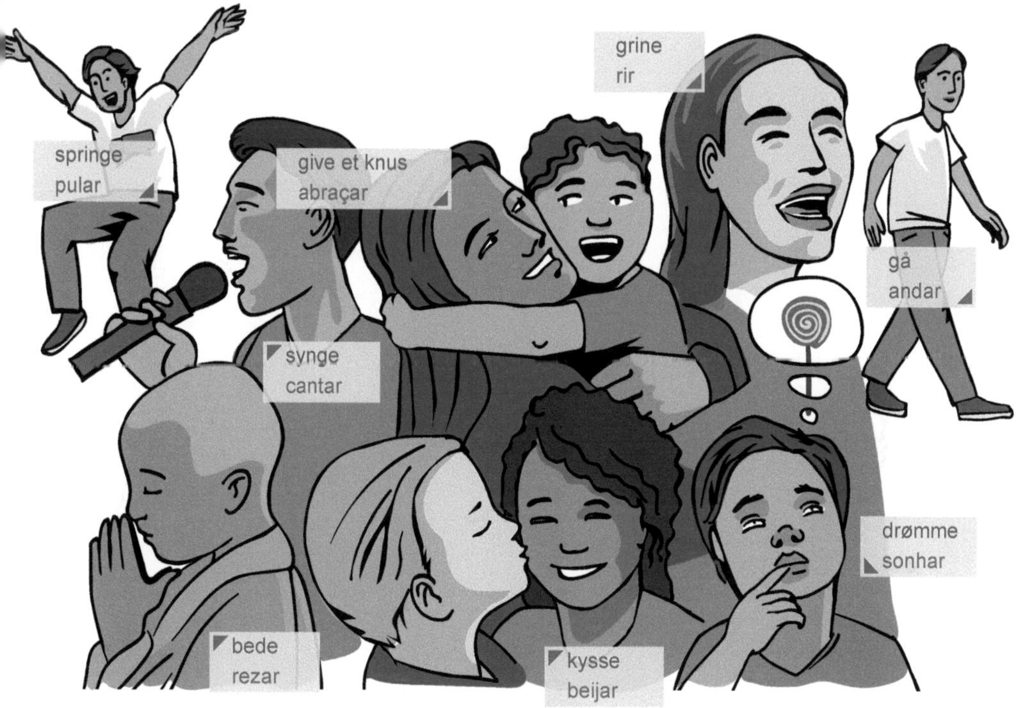

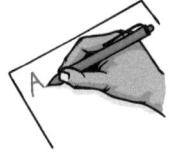

skrive

escrever

tegne

desenhar

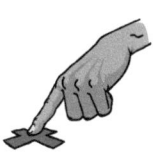

vise

mostrar

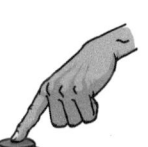

skubbe

empurrar

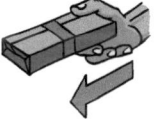

give

dar

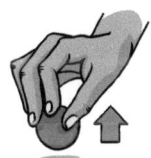

tage

tomar

have

ter

gøre

fazer

være

ser

stå

ficar de pé

løbe

correr

trække

puxar

kaste

jogar

falde

cair

ligge

deitar

vente

esperar

bære

carregar

sidde

sentar

tage på

vestir

sove

dormir

vågne

despertar

se på

olhar para

græde

chorar

ae

acariciar

kæmme

pentear

tale

falar

forstå

entender

spørge

perguntar

høre

ouvir

drikke

beber

spise

comer

rydde op

arrumar

elske

amar

koge

cozinhar

køre

dirigir

flyve

voar

sejle

velejar

regne

calcular

læse

ler

lære

aprender

arbejde

trabalhar

gifte sig med

casar

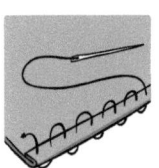

sy

costurar

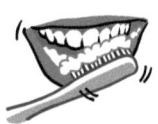

børste tænder

escovar os dentes

dræbe

matar

ryge

fumar

sende

enviar

bedstemor
avó

bedstefar
avô

far
pai

mor
mãe

baby
bebê

datter
filha

søn
filho

gæst

convidado

tante

tia

onkel

tio

bror

irmão

søster

irmã

krop
corpo

pande
testa
øje
olho
skulder
ombro
finger
dedo
ansigt
rosto
hage
queixo
hånd
mão
bryst
peito
ben
perna
arm
braço

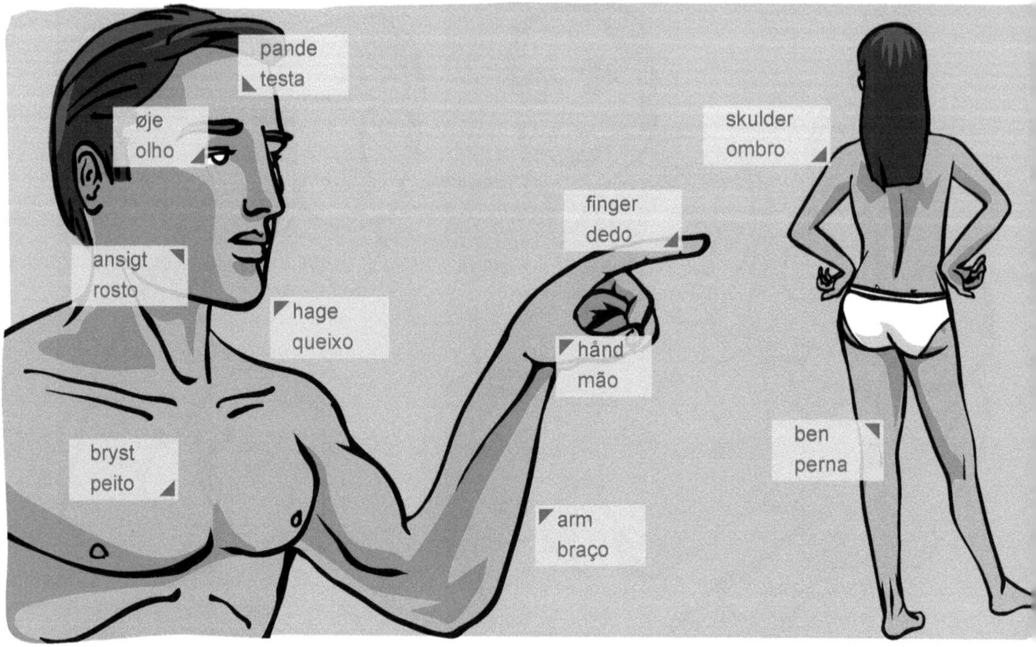

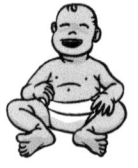

baby
bebê

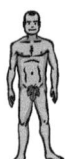

mand
homem

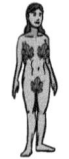

kvinde
mulher

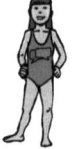

pige
menina

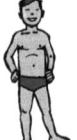

dreng
menino

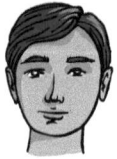

hoved
cabeça

ryg

costas

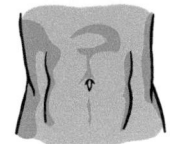

mave

barriga

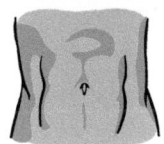

navle

umbigo

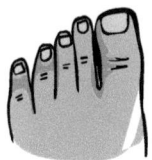

tå

dedo do pó

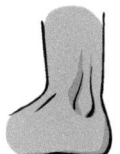

hæl

calcanhar

knogle

osso

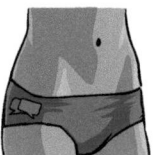

hofte

anca

knæ

joelho

albue

cotovelo

næse

nariz

bagdel

nádegas

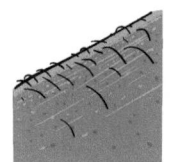

hud

pele

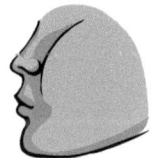

kind

bochecha

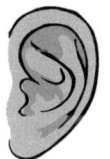

øre

orelha

læbe

lábio

mund
boca

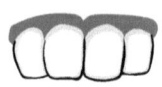

tand
dente

tunge
língua

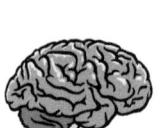

hjerne
cérebro

hjerte
coração

muskel
músculo

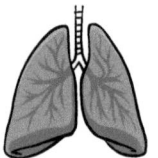

lunge
pulmão

lever
fígado

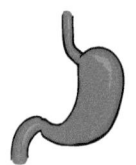

mavesæk
estômago

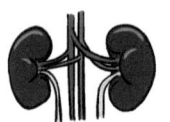

nyrer
rins

sex
relações sexuais

kondom
preservativo

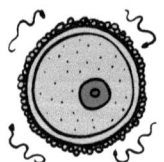

ægcelle
óvulo

sperm
esperma

svangerskab
gravidez

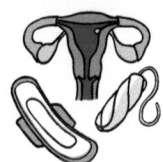

menstruation
menstruação

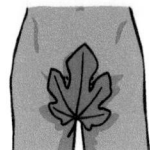

vagina
vagina

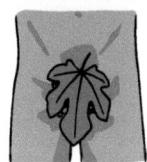

penis
pênis

øjenbryn
sobrancelha

hår
cabelo

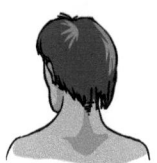

hals
pescoço

sygehus
hospital

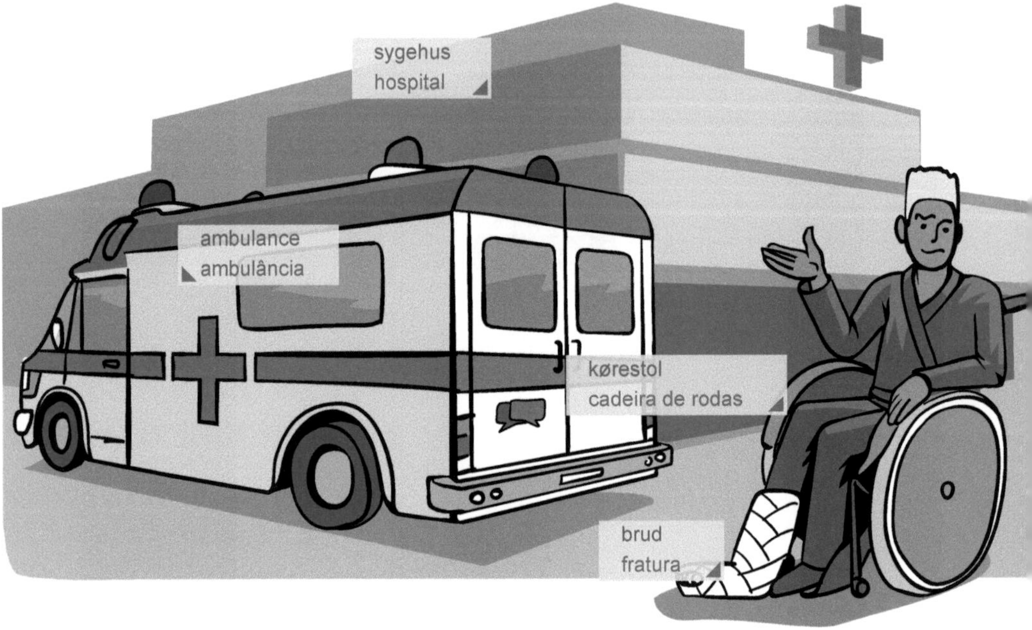

sygehus
hospital
ambulance
ambulância
kørestol
cadeira de rodas
brud
fratura

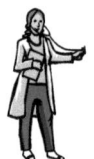

lægemédico

médico

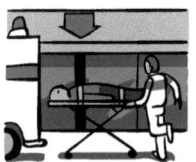

akutmodtagelse

pronto-socorro

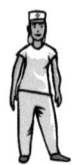

sygeplejerske

enfermeira

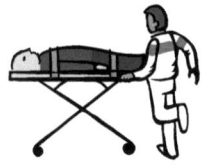

nødstilfælde

emergência

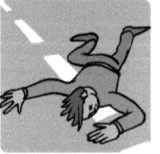

bevidstløs

inconsciente

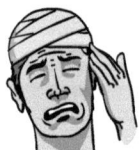

smerte

dor

skade

ferimento

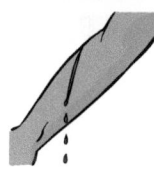

blødning

hemorragia

hjerteinfarkt

ataque cardíaco

slagtilfælde

acidente vacular cerebral

allergi

alergla

hoste

tosse

feber

febre

influenza

gripe

diarré

diarreia

hovedpine

dor de cabeça

kræft

câncer

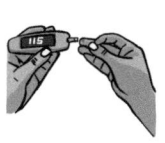

diabetes

diabetes

kirurg

cirurgião

skalpel

bisturi

operation

operação

CT
CT

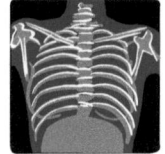

røntgen
raio x

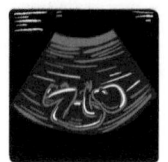

ultralyd
ultrassom

maske
máscara

sygdom
doença

venteværelse
sala de espera

krykke
muleta

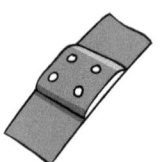

plaster
bandeide

forbinding
ligadura

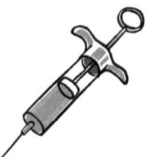

injektion
injeção

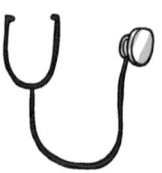

stetoskop
estetoscópio

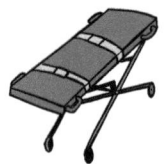

båre
maca

termometer
termômetro

fødsel
nascimento

overvægt
excesso de peso

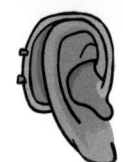

høreapparat

aparelho auditivo

desinficerende middel

desinfetante

infektion

infecção

virus

vírus

HIV / AIDS

HIV / AIDS

medicin

medicamento

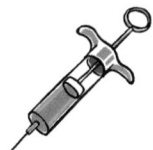

vaccination

vacinação

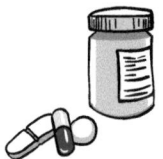

tabletter

comprimidos

pille

pílula

nødopkald

chamada de emergência

blodtryksmåler

dispositivo de medição de
pressão arterial

syg / rask

doente / saudável

Hjælp!

Socorro!

alarm

alarme

overfald

assalto

angreb

ataque

fare

perigo

nødudgang

saída de emergência

Det brænder!

Fogo!

ildslukker

extintor de incêndios

uheld

acidente

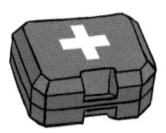

førstehjælps-kuffert

maleta de primeiros
socorros

SOS

SOS

politi

polícia

Europa

Europa

Nordamerika

América do Norte

Sydamerika

América do Sul

Afrika

África

Asien

Ásia

Australien

Austrália

Atlanterhavet

Atlântico

Stillehavet

Pacífico

Indiske Ocean

Oceano Índico

Sydlige Ishav

Oceano Antártico

Ishav

Oceano Ártico

Nordpol

Polo Norte

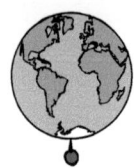

Sydpol

Polo Sul

Antarktis

Antártica

Jorden

Terra

land

terra

hav

mar

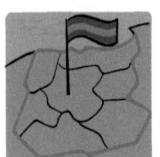

ø

ilha

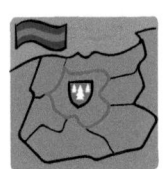

nation

nação

stat

estado

urskive

mostrador do relógio

timeviser

ponteiro das horas

minutviser

ponteiro dos minutos

sekundviser

ponteiro dos segundos

Hvad er klokken?

Que horas são?

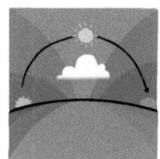

dag

dia

tid

tempo

nu

agora

digitalur

relógio digital

minut

minuto

time

hora

uge
semana

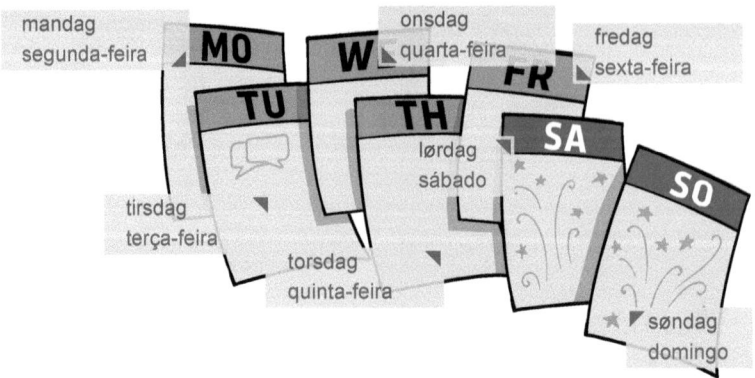

mandag
segunda-feira

onsdag
quarta-feira

fredag
sexta-feira

tirsdag
terça-feira

lørdag
sábado

torsdag
quinta-feira

søndag
domingo

i går

ontem

i dag

hoje

i morgen

amanhã

morgen

manhã

middag

meio-dia

aften

entardecer

arbejdsdage

dias úteis

weekend

fim de semana

regn
chuva

regnbue
arco-íris

sne
neve

vind
vento

forår
primavera

efterår
outono

sommer
verão

vinter
inverno

4.APRIL	11°	☀
5.APRIL	4°	
6.APRIL	13°	
7.APRIL	8°	❄
8.APRIL	10°	☀

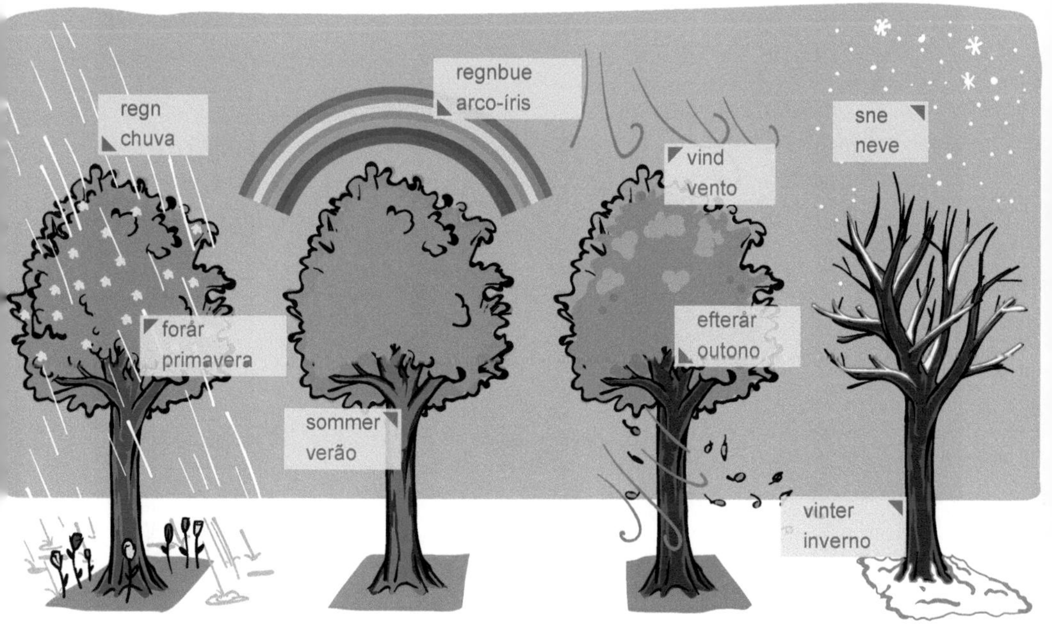

vejrudsigt
previsão do tempo

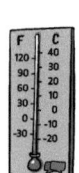

termometer
termômetro

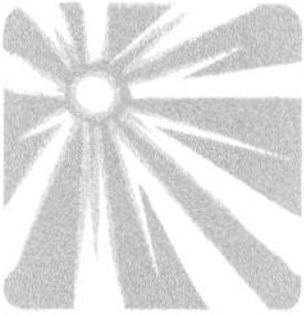

solskin
raio de sol

sky
nuvem

tåge
neblina / nevoeiro

luftfugtighed
umidade do ar

lyn
....
relâmpago

torden
....
trovão

storm
....
tempestade

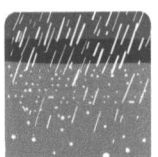

hagl
....
granizo

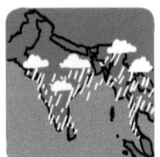

monsun
....
monção

flod
....
inundação

is
....
gelo

januar
....
janeiro

februar
....
fevereiro

marts
....
março

april
....
abril

maj
....
maio

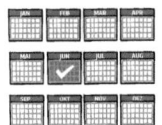

juni
....
junho

juli
....
julho

august
....
agosto

år - ano

september
setembro

oktober
outubro

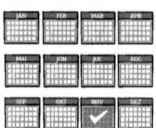

november
novembro

december
dezembro

former
formas

cirkel
círculo

kvadrat
quadrado

firkant
retângulo

trekant
triângulo

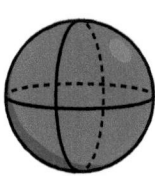

kugle
esfera

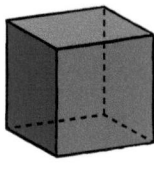

terning
cubo

hvid

branco

gul

amarelo

orange

laranja

pink

rosa

rød

vermelho

lilla

lilás

blå

azul

grøn

verde

brun

marrom

grå

cinza

sort

preto

meget / lidt
muito / pouco

rasende / fredelig
furioso / tranquilo

smuk / grim
lindo / feio

begyndelse / slut
começo / fim

stor / lille
grande / pequeno

lys / mørk
claro / escuro

bror / søster
irmão / irmã

ren / snavset
limpo / sujo

fuldkommen / ufuldkommen
completo / incompleto

dag / nat
dia / noite

død / levende
morto / vivo

bred / smal
largo / estreito

spiselig / uspiselig

comestível / não comestível

vred / venlig

mau / gentil

ophidset / kedet

entusiasmado / entediado

tyk / tynd

gordo / magro

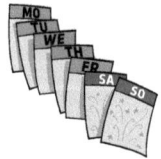

først / sidst

primeiro / último

ven / fjende

amigo / inimigo

fuld / tom

cheio / vazio

hård / blød

duro / macio

tung / let

pesado / leve

sult / tørst

fome / sede

syg / rask

doente / saudável

illegal / legal

ilegal / legal

intelligent / dum

inteligente / idiota

venstre / højre

esquerda / direita

nær / fjern

perto / longe

ny / brugt

novo / usado

intet / noget

nada / alguma coisa

gammel / ung

velho / jovem

tændt / slukket

llgado / desllgado

åben / lukket

aberto / fechado

stille / højt

baixo / alto

rig / fattig

rico / pobre

rigtig / forkert

certo / errado

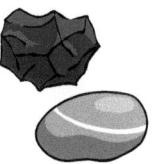

ru / glat

áspero / liso

ked af det / lykkelig

triste / feliz

kort / lang

curto / longo

langsom / hurtig

lento / rápido

våd / tør

molhado / seco

varm / kold

ameno / fresco

krig / fred

guerra / paz

0

nul

zero

1

en

um

2

to

dois

3

tre

três

4

fire

quatro

5

fem

cinco

6

seks

seis

7

syv

sete

8

otte

oito

9

ni

nove

10

ti

dez

11

elleve

onze

12

tolv

doze

13

tretten

treze

14

fjorten

quatorze

15

femten

quinze

16

seksten

dezesseis

17

sytten

dezessete

18

atten

dezoito

19

nitten

dezenove

20

tyve

vinte

100

hundrede

cem

1.000

tusinde

mil

1.000.000

million

milhão

engelsk

inglês

amerikansk engelsk

inglês americano

kinesisk mandarin

chinês mandarim

hindi

hindi

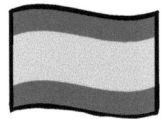

spansk

espanhol

fransk

francês

arabisk

árabe

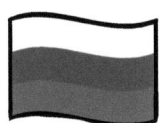

russisk

russo

portugisisk

português

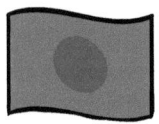

bengalsk

bengalês

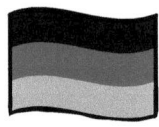

tysk

alemão

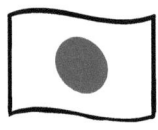

japansk

japonês

jeg

eu

du

você

han / hun / den / det

ele / ela

vi

nós

I

vocês

de

eles / elas

hvem?

quem?

hvad?

O quê?

hvordan?

como?

hvor?

onde?

hvornår?

Quando?

navn

nome

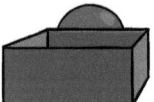

bag
....
atrás

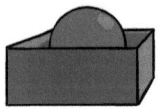

i
....
em

foran
....
na frente de

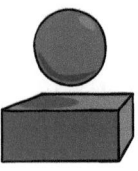

over
....
sobre

på
....
em cima

under
....
debaixo

ved siden af
....
do lado

imellem
....
entre

sted
....
lugar